AF224298

ÉPÎTRE

AUX

MONTPELLIÉRAINS

PAR

Le Commandant DAUDEL,

CHEVALIER DE LA LÉGION D'HONNEUR,

MÉDECIN HOMŒOPATHE,

MEMBRE CORRESPONDANT DE PLUSIEURS SOCIÉTÉS SAVANTES ET DE LA SOCIÉTÉ
HOMŒOPATHIQUE FRANÇAISE.

« Oculos habent et non videbunt »

MONTPELLIER,
IMPRIMERIE RICARD FRÈRES, PLACE PETIT-SCEL, 5.

—

1891.

ÉPÎTRE

AUX

MONTPELLIÉRAINS

PAR

Le Commandant **DAUDEL**,

CHEVALIER DE LA LÉGION D'HONNEUR,

MÉDECIN HOMŒOPATHE,

MEMBRE CORRESPONDANT DE PLUSIEURS SOCIÉTÉS SAVANTES ET DE LA SOCIÉTÉ
HOMŒOPATHIQUE FRANÇAISE.

« Oculos habent et non videbunt »

MONTPELLIER,
IMPRIMERIE RICARD FRÈRES, PLACE PETIT-SCEL, 5.
—
1891.

ÉPÎTRE

Mes chers Montpelliérains,

Laissez-moi le délectable plaisir de vous taquiner un peu.

Vous habitez un centre de science dans lequel se plaisent tous les hommes d'étude. Votre charmante ville est le siège de la plus ancienne Faculté de Médecine de France. Ici ont brillé des hommes remarquables. Je n'ai pas à les citer. Vos murs même se sont imprégnés des effluves scientifiques qui saturent votre atmosphère, et, ce qui est tout naturel, votre cerveau s'est richement meublé en se développant dans ce milieu favorisé.

Avez-vous bénéficié de tous ces avantages ? Je crois que non, et j'incline à penser que votre fréquentation des hommes de science vous a été plus nuisible qu'utile, du moins à l'égard de la branche de science qui m'est familière ; j'ai nommé l'homœopathie.

La première condition à remplir pour argumenter sur une question quelconque, c'est de la connaître, à moins d'avoir reçu l'omniscience dans le sein maternel.

Or, en fait d'homœopathie, tout le monde se permet d'en parler, et pas un de ceux qui en parlent n'en connaît le premier mot. Le sexe fort, en grande majorité, la réfute, en s'appuyant sur la théorie erronée qu'en a donnée Hahnemann : *Guérir une maladie en produisant une maladie artificielle un peu plus forte* ; en s'appuyant, *surtout,* sur l'invraisemblance de l'action des *doses infinitésimales.*

Mais si les hommes se croient le pouvoir d'argumenter sur tout, principalement sur ce qu'ils ne connaissent pas, il n'en est pas de même du sexe faible. La femme, avec sa sensibilité exquise, a plus de subtilité que son orgueilleux maître ; elle ne va pas, comme lui, au fond des choses et jusqu'à l'abstraction ; mais elle saisit instantanément le vif et l'utile qui existent partout dans un état de simplicité que l'homme ne peut pas voir, infatué qu'il est par l'orgueil de son savoir toujours incomplet. Aussi est-ce par la femme, la mère et l'épouse surtout, que l'homœopathie fera son chemin.

« Il est naturel qu'à son apparition dans le monde intellectuel, a dit

A.-J.-L. Jourdan (1), toute idée qui s'écarte de la route battue trouve peu de sympathie, et que la défiance contre elle redouble lorsque, loin de se concentrer dans le cercle des conceptions purement spéculatives, elle manifeste, au contraire, une énergique tendance à se glisser jusque dans la vie pratique ; lorsqu'elle aspire à changer le mouvement machinal dont l'impulsion règle l'action de la plupart des hommes, non moins qu'à bouleverser les principes qu'une longue habitude les porte à regarder comme autant de vérités établies. Tel a été le sort de toutes les doctrines, en philosophie comme dans les sciences exactes, en médecine de même qu'en politique. L'homœopathie pouvait moins qu'une autre y échapper, à cause de l'apparente étrangeté de ses moyens. »

M. le Docteur Bouillaud a fait des réflexions plus amères encore, à l'égard de la guerre que les médecins soutinrent contre son système de traitement de la pneumonie *par la saignée coup sur coup* : « Plus la réforme est grande, profonde, fondamentale, plus les intérêts et les opinions qu'elle choque sont nombreux, plus aussi l'opposition qu'elle rencontre est grande elle-même (2). »

C'était parler d'or, n'est-ce pas ? Mais que pensera-t-on de l'illustre Professeur Bouillaud, lorsqu'on aura entendu les paroles qu'il prononça dans l'enceinte de l'Académie de Médecine (1859) à propos de la question qu'il avait soulevée sur l'homœopathie ? « Quand même je verrais les succès de l'homœopathie, je n'y croirais pas ! » Puis, comme si ce parti pris n'était pas suffisamment caractérisé, il eut l'audace d'ajouter : « Il faut avoir en soi *assez de force d'âme* pour refuser d'expérimenter. »

Force d'âme est superbe... Quel joli farceur ! Que de gens, éminents ou non, s'appellent Bouillaud. Que reproche-t-on à l'homœopathie ? L'absurdité de la doctrine connue ? Je l'accorde. Il me sera facile, un peu plus loin, de présenter une doctrine vraie. L'invraisemblance de l'action des doses infinitésimales ? Voyons un peu les arguments qu'on fait valoir.

L'homœopathie, dit-on. doit ses succès au régime sévère auquel elle soumet ses malades.... Mais puisque c'est là un moyen si simple, pourquoi les médecins ne l'emploient-ils pas, puisqu'il y a succès !

On dit encore :

Les médicaments ne pouvant avoir aucune action sur le malade ou sur la maladie, il est évident que la guérison, le succès homœopathique ne provient que de l'effet de l'imagination du malade. Le physique et le moral ne sont-ils pas solidaires ? Voilà encore un moyen simple négligé par les allopathes.

Les homœopathes savent si bien que le physique et le moral sont solidaires, qu'ils font entrer en ligne de compte les symptômes moraux dans

---

(1) Membre de l'Académie de Médecine. Préface de la traduction de la matière médicale de Hahnemann. 1834.

(2) Paroles citées par le Docteur de Parceval dans son ouvrage l'Allopathie et l'Homœopathie. Germer-Baillière. Cette question donna lieu à l'Académie de Médecine à une séance d'une cocasserie inénarrable. On pourra la lire dans ma Doctrine médicale, p. 24 et suivantes.

leur diagnostic, et que c'est souvent de leur signification qu'ils tirent l'indication du traitement à instituer. Mais là n'est pas le fond de la question. L'imagination entre-t-elle dans les succès, lorsqu'un remède produit son effet connu d'avance sur un enfant à la mamelle ? Si oui, je demanderai s'il peut encore en être ainsi lorsqu'un remède opère sur les animaux ? Si oui encore, je demanderai si l'effet du remède est dû à l'imagination, lorsque sa force s'exerce sur un instrument inerte ?

Ce phénomène, scientifiquement constaté, arrêtera, il faut l'espérer, les plus brillantes arguties. Je l'ai fait connaître l'année dernière. Il sera bon de l'exposer à nouveau cette année.

Jusqu'à présent, nous n'avions que les faits cliniques et curatifs pour affirmer la loi des semblables ; nous n'avions de preuves à invoquer que dans l'action du remède ressentie par le malade, action qui se traduit fort souvent par une aggravation momentanée, et dès les premières doses. Et, à ce propos, j'ouvre une parenthèse : Est-ce qu'il y a jeu d'imagination lorsque le malade accuse une exacerbation de son mal ? S'il s'attend à quelque chose, en prenant un remède, ce n'est pas assurément de voir augmenter ses souffrances.

Cette exacerbation, à laquelle on a donné le nom *d'aggravation homœopathique*, est fréquente et prouve au médecin que le remède a été bien choisi ; et, comme elle est généralement suivie de la guérison ou tout au moins d'un effet favorable, cette aggravation et ses suites, dis-je, avaient suffi aux esprits calmes et non prévenus, pour admettre l'action des doses infiniment petites.

Mais voici que l'action de ces infiniment petits se vérifie par des faits de physique expérimentale. Il n'y a plus moyen de nier ce que les yeux peuvent voir. Voici le fait :

Un assez grand nombre de chercheurs avaient constaté qu'un pendule peut être influencé de diverses manières par un grand nombre de substances, et toujours dans le même sens pour les mêmes substances expérimentées.

M. Chevreul, à qui la question fut soumise, conclut à une fin de non-recevoir. C'est toujours ce qui arrive lorsqu'on présente à un savant un phénomène nouveau en apparence inexplicable.

Mais M. A. Bué, élève du grand maître, frappé de ce que ces mouvements du pendule se produisaient toujours de la même manière en présence des mêmes substances, résolut d'approfondir la question, et fit construire un pendule dans des conditions qui ne devaient plus permettre le moindre doute, si les faits se réalisaient. Ils se réalisèrent dans les conditions les plus précises. Ainsi, le fer, le plomb, tous les métaux ; les poudres de fleurs ou de racines, etc., imprimaient des rotations ou des oscillations au pendule, toujours les mêmes pour une même substance. Le doute n'était plus possible.

Les résultats obtenus par M. Bué furent présentés à M. Chevreul, dans un rapport, à la date du 30 mai 1886. Ce rapport fut déposé par M. Chevreul, en août 1886, à l'Académie des Sciences.

Mais le piquant de l'affaire, c'est que le pendule se laissa influencer par les médicaments homœopathiques portés à la 30me dilution, c'est-à-dire à une division de $\dfrac{1}{\text{sur 60 zéros.}}$

M. Bué se fit donner 7 tubes contenant chacun un métal différent dynamisé comme médicament homœopathique ; le N° 1 contenait de l'or, le N° 2 du bismuth, le N° 3 du fer, le N° 4 du zinc, le N° 5 des globules inertes (sucre de lait sans addition), le N° 6 du platine, le N° 7 du plomb.

Le pharmacien avait pris note de la substance contenue dans chaque tube, et M. Bué ignorait absolument la nature des substances à expérimenter.

Eh bien ! le pendule oscilla, ou tourna, dans le sens même où il a toujours tourné ou oscillé, en présence des mêmes substances à l'état massif, sauf pour le tube qui ne contenait que du sucre de lait.

A cela pas de commentaires ; il faut s'incliner, il faut rabattre l'orgueil qui nous fait rejeter, sans examen, les faits qui dépassent notre pauvre entendement.

De plus, ce rapport constate que les mouvements du pendule se produisent non seulement lorsqu'on tient la substance dans une main et qu'on touche légèrement l'appareil de l'autre main, mais encore lorsque la substance est enfermée dans une boîte.

J'ai voulu savoir si les médicaments en question avaient été expérimentés par contact direct dans la main ou dans leurs tubes de verre hermétiquement bouchés. Voici ce que m'a répondu M. Bué, à la date du 26 février 1890 : « Les dynamisations homœopathiques, 30me dilution, étaient en globules. Je les ai expérimentées successivement, *à nu dans la main,* puis *dans les tubes ordinaires bouchés,* puis *dans des boîtes.* »

Cette condition d'expérimentation donne encore plus de force aux preuves dont l'homœopathie s'est emparée, et explique l'action positive des médicaments à distance étudiée et divulguée par le docteur Luys et dont les grands esprits se sont moqués agréablement.

Ces faits appartiennent à un ordre de choses nouveau, le DYNAMISME, dont le principe a été posé en médecine par Samuel Hahnemann, le grand promoteur de l'homœopathie ; principe universel, loi de la nature, dont j'ai déroulé la chaîne dans ma DOCTRINE MÉDICALE.

J'espère que les révélations du pendule, lorsqu'elles seront connues, réduiront les beaux esprits au silence ; mais ce ne sera pas sans quelque mauvaise grâce qu'ils se résigneront à se taire, ce sera surtout dur pour les savants.

II.

L'histoire nous apprend que les corps savants, les Académies, les Comités, ont été, de tout temps, des éteignoirs de la vérité. J'englobe dans cette diatribe tous ceux qui savent ; les demi, les quarts, les trois dixièmes de savants. Ceux qui savent ou croient savoir, font toujours obstacle aux découvertes et aux inventions utiles. En voulez-vous la preuve ? Donnez un conseil pratique à un domestique quelconque, à un homme quelconque, mais à une personne fruste, elle vous écoutera, car le gros bon sens lui dira que vous n'inventez pas la chose, et que vous devez la connaître par expérience. Mais si votre homme s'est quelque peu frotté de littérature, s'il lit son journal chaque jour, soyez persuadé qu'il n'en fera qu'à sa guise, si toutefois il ne vous répond pas par un rictus sardonique.

C'est ce qui m'a fait dire, ailleurs, que la proportion des sots et des imbéciles était la même dans toutes les classes de la société, avec cette différence que lorsqu'un savant se met à être bête, il est dix fois plus bête que l'ignorant.

Et voilà comment, mes chers Montpelliérains, vous vous êtes gâtés au contact des savants ; voilà comment vous êtes arrivés à juger des choses *a priori*, sans en avoir une notion suffisante et vraie ; voilà comment vous avez pris l'habitude de raisonner sur tout, par approximation, absolument comme le faisait l'ordonnance du 101ᵐᵉ, à propos de pâté de foie gras.

N'est-ce pas une honte pour l'humanité, ce qui advint à Galilée pour avoir découvert que la terre tourne autour du soleil ?

Si on avait cru les savants, l'application de la vapeur à la navigation proposée par le marquis Jouffroy d'Albans et rejetée par l'Académie des Sciences (1775), n'aurait pas eu lieu.

Il en est de même des chemins de fer : les savants en X avaient prouvé par $A + B$ qu'une locomotive ne pourrait jamais entraîner une file de voitures. Comment les roues, qui ne touchent les rails que par un point, auraient-elles assez de prise pour opérer la traction ! Messieurs les savants n'oubliaient qu'un tout petit facteur, tout petit, mais qui était la clé du problème ; ils ne tenaient aucun compte de l'adhérence au rail par le poids, ou, plutôt, ils ne s'en doutaient pas.

Heureusement il s'est trouvé des hommes pratiques qui ont enjambé les Académies, et nous avons pu jouir des découvertes utiles faites le plus souvent par de simples artisans.

Tout récemment encore, n'avons-nous pas vu l'opposition aveugle que les savants ont faite à l'injecteur automatique Giffard ? On a passé outre, et toutes les usines à vapeur en tirent aujourd'hui un grand bénéfice.

Nous avons vu l'incrédulité doctorale devant le pendule révélateur. La même indifférence dédaigneuse fut opposée, pendant fort longtemps, au phénomène qui était connu des nautonniers et des minotiers, à savoir, que la glace, dans les eaux courantes et dans certaines conditions, se formait au fond de l'eau. On répondait : Comment voulez-vous qu'elle se forme au fond de l'eau, alors qu'elle est plus légère que l'eau ? Ici encore on n'avait pas soupçonné l'adhérence sur le fond. Et, malgré le verdict des savants, les *glaces de fond* ont persisté.

En voilà assez, je pense, pour ne plus s'exposer à prendre comme parole d'évangile les redondantes dissertations des savants de tout acabit, et pour s'en rapporter avant tout au simple bon sens. On prendra alors la résolution sage de se conformer au principe philosophique dont j'ai fait l'épigraphe de ma dernière brochure : *Douter des faits qu'on n'a pas vus est un droit ; les nier n'est pas d'un homme raisonnable.* Soyons humbles ; l'humilité est le partage des sages et des grands esprits.

III.

L'homœopathie repose sur une loi de la nature, c'est la loi des semblables, *similia vimilibus curantur*, la loi naturelle de la guérison. Ce n'est pas d'aujourd'hui qu'elle est connue, et Hahnemann, au lieu de se l'attribuer, ainsi qu'on a voulu l'insinuer, a cité les médecins qui l'avaient vue avant lui : Deharding, Bertholon, Thoury, Starck, Stahl, et, avant tous, Hippocrate qui a dit, il y a de cela plus de deux mille ans : *les maladies sont guéries par les médicaments qui ont la puissance de les produire ; ainsi, on arrête les vomissements par les vomitifs.* Mais comme le Père de la médecine avait dit aussi que *les maladies pouvaient guérir par les contraires,* et que cette méthode de vouloir arrêter un mal par son contraire tombe mieux sous le sens des esprits obtus, on ne comprit pas la portée de la première, et l'on continua à doctement patauger jusqu'à Hahnemann.

Pour arriver à la notion exacte de l'homœopathie, il faut savoir ce que c'est que la maladie ; la maladie étant une perturbation de la vie, il faut avoir la notion de celle-ci ; puis savoir ce que c'est que l'homme par rapport à l'univers dont il est une infime partie, et enfin connaître l'univers et ses lois. Le problème est immense, compliqué ; mais grâce à la possibilité que nous avons aujourd'hui de faire la synthèse de tous les travaux accumulés par les pionniers de la science, le problème peut facilement être résolu. C'est ce que je crois avoir fait dans ma Doctrine médicale, où on le trouvera condensé dans un chapitre de 30 pages.

Ce résumé peut se réduire à ceci :

Les phénomènes de l'univers s'entretiennent les uns par les autres ; ils vivent les uns des autres, et un phénomène nouveau ne peut se former qu'au moyen des débris des phénomènes qui ont cessé d'exister ; en un mot, c'est la mort qui entretient la vie. Si vous ne mangiez pas des animaux et des végétaux vous ne pourriez pas vivre. Lorsque l'homme vient au monde, il possède la puissance qui lui est nécessaire pour vivre et grandir. Arrivé au maximum de sa croissance, il commence à faiblir et s'achemine vers la mort, c'est-à-dire vers la disparition de sa puissance vitale.

Mais la vie ne s'accomplit pas d'une façon calme, paisible ; elle est constituée, au contraire, par un perpétuel conflit nécessité par le besoin incessant d'absorber des matériaux puisés au dehors de l'être. Tant que l'être, animal, végétal, minéral, résiste aux attaques qui viennent du dehors, il y a évolution normale de la vie, il y a santé. La maladie survient dès que l'évolution vitale est troublée ; c'est une perturbation purement dynamique, un dérangement de la force vitale. Mais tout aussitôt cette force dérangée, déséquilibrée, entre en travail pour retrouver son équilibre, absolument comme l'eau d'un bassin qui a été agitée, et ce travail, cette lutte, constitue *la maladie en soi.*

Voilà une définition vraie de la maladie, une *lutte* contre les agents perturbateurs, notion entrevue par cinq ou six médecins dans une période de plus de vingt siècles, notion qui a échappé à tous les autres, mais que l'homœopathie, grâce à Samuel Hahnemann, nous à permis d'affirmer.

Or, quel doit être le rôle de la médecine en présence de cette révolte naturelle ? Aider la nature dans sa lutte, lui donner du renfort, afin qu'elle triomphe plus vite de son ennemi.

Mais où trouver cette force ? Dans les substances qui ont la puissance de produire sur l'homme en santé des symptômes semblables à ceux qui caractérisent la maladie qu'on a sous les yeux. Cette puissance médicinale, semblable à celle que la nature emploie dans sa lutte, s'ajoute au phénomène de réaction, et l'ennemi, la cause de la maladie, est vaincu ; il est détruit, ou réduit à l'impuissance, ou expulsé.

Telle est la loi des semblables qui sert de base à l'homœopathie. Elle est indéniable ; et elle est indéniable parce qu'elle est une loi de la nature même.

Donc, en présence d'une maladie, le médecin doit avant tout recueillir le tableau exact des symptômes qui caractérisent la lutte, sans en oublier un seul, car il est évident que la maladie, la lutte, moins un de ses symptômes propres, ainsi que l'a dit Hahnemann, n'est plus elle-même, elle n'est pas connaissable.

Saisir les symptômes caractéristiques d'une maladie donnée n'est point toujours facile, car c'est d'après les symptômes particuliers, y compris les symptômes moraux et la connaissance du tempérament, que le médecin homœopathe choisit le remède à donner.

La matière médicale homœopathique comporte un arsenal déjà considérable de médicaments dont les effets extrêmement nombreux sur l'homme en santé ont été recueillis et pour ainsi dire photographiés.

C'est la grande œuvre d'Hahnemann, œuvre que ses successeurs ont continuée, surtout en Amérique d'où nous sont venus des remèdes nouveaux et précieux. Mais en raison de cette richesse, le choix à faire parmi vingt, trente et même cinquante médicaments applicables à une maladie, devient chose fort difficile, et le médecin qui veut se mettre à la hauteur de sa tâche, doit passer sa vie à étudier la formidable matière médicale homœopathique. Plus d'un a été rebuté.

En résumé, l'homœopathie consiste à agir dans le sens de la nature, à seconder ses efforts.

Est-il besoin, après cela, d'aborder l'étude de la loi des contraires ?

Donc, toutes les fois que vous entendrez un docte personnage faire de l'esprit aux dépens des doses infinitésimales, tenez-le pour un sot. J'ai le droit de parler ainsi, car pendant fort longtemps j'ai été du nombre, et il a fallu, pour me convaincre, que l'homœopathie vint me débarrasser, il y a vingt ans, d'une infirmité devant laquelle tous les autres moyens étaient restés impuissants. Et voilà pourquoi je me suis fait l'apôtre de cette médecine. Je lui devais bien cela.

Une chose étrange et singulière, c'est de voir les allopathes persister dans le système des contraires, alors qu'ils savent que les médicaments qui sont leurs meilleurs remèdes, opèrent d'après la loi des semblables ; par exemple, l'ipéca dans l'embarras gastrique ; les purgatifs dans les diarrhées rebelles, le quinquina et ses dérivés dans les fièvres des marais, etc., etc. Explique, qui pourra, cette aberration.

Nous avons vu que les médicaments agissaient en vertu de leur force semblable à celle de la nature, et nous avons établi que les maladies étaient de nature purement dynamique. C'est donc par une action dynamique pure que les médicaments peuvent et doivent agir.

Je vais essayer d'élucider cette question en quelques mots.

Mais constatons auparavant que Récamier, Gubler et quelques autres, ont pensé que les médicaments n'agissaient point par leur masse, par leur partie matérielle, mais bien par leurs parties *impondérables,* c'est-à-dire par la force qui est en eux.

Lorsque Hahnemann eut acquis la conviction que la loi des semblables était la loi naturelle de la guérison, il se mit en devoir d'expérimenter les remèdes connus, d'une façon logique ; c'est-à-dire qu'il en étudia les effets sur de nombreuses personnes en santé, d'âges et de sexes différents. Au moyen de ce procédé, il put recueillir des effets purs, non masqués par des symptômes maladifs, ce qui arrive avec l'expérimentation dans les hôpitaux. Ceux qu'on obtient sur les animaux ne peuvent non plus avoir aucune portée, car, ce qui est poison pour l'homme ne l'est pas pour certains animaux, de même, ce qui est poison pour un animal n'en est pas un pour un autre animal, même dans la classe des mammifères. Pas n'est besoin d'insister là-dessus.

Après avoir constitué sa matière médicale, Hahnemann se mit en devoir d'en faire l'application. Il arriva alors que le remède, en agissant dans le sens de la nature, exaspéra les symptômes de la maladie. Tout autre que lui se serait arrêté. Mais comme il était convaincu de la vérité de la loi de similitude, il vit que cette exacerbation maladive en était une conséquence nécessaire; il dilua le médicament. Après une première atténuation, l'action du remède se montra encore trop forte ; il le dilua successivement jusqu'au degré d'atténuation qui ne pouvait plus amener de la fatigue pour le malade. C'est ainsi qu'il arriva à la 30me dilution.

Les dilutions Hahnemanniennes ne sont donc pas nées dans un cerveau creux, comme on l'a dit et comme on le répète encore ; elles sont le résultat de l'expérimentation pure des remèdes sur les malades mêmes.

Mais une grande surprise l'attendait : un de ces faits que les expériences font naître, que l'expérimentateur ne cherche pas, faits qui passent inaperçus devant les yeux de ceux qui ne savent pas voir, mais que le génie arrête au passage et s'approprie, parce qu'il en voit de suite la signification et la portée ; un de ces faits, en un mot, dont la remarque constitue une grande découverte, vint frapper son esprit. Il fut pour Hahnemann ce que la chute d'une pomme avait été pour Newton.

Afin de produire un mélange aussi intime que possible du remède avec le véhicule, il imprimait de fortes secousses à ses flacons. Il remarqua que la force du médicament n'était pas en rapport avec le degré d'atténuation qu'aurait dû lui faire subir la dilution ; elle était bien supérieure ; il en conclut que le frottement, les secousses, le choc, devaient avoir comme conséquence le développement de la force vive du médicament, et de mettre cette force dans un état de tension considérable (1). Il donna à cet état particulier le nom de *dynamisme médicamenteux.*

Le dynamisme homœopathique se trouvait ainsi complété : 1° La vie, évolution dynamique ; 2° La maladie, perturbation dynamique ; 3° Le remède, action purement dynamique dans le sens des réactions dynamiques naturelles de l'organisme vivant.

Après avoir lu ces quelques pages, vous aurez la notion exacte de l'homœopathie ; vous la connaîtrez mieux que tous les prétentieux qui se permettent d'en parler et de la critiquer. Bien mieux, vous aurez une notion exacte de la médecine vraie, parce qu'elle est naturelle, notion qui fait absolument défaut à tous les médecins, y compris les Princes du soidisant art de guérir.

---

(1) Tout le monde sait que la compression, le frottement, le choc, mettent les forces latentes des substances solides ou liquides dans un état de tension qui les rend aptes à agir.

Si j'ajoute à cela que la médecine de l'école n'a pas la notion du médicament, ni celle de la fièvre, ni celle de la diathèse, vous conclurez avec moi que la médecine ancienne n'a jamais été que de l'empirisme, puisqu'elle s'est toujours attaquée à une chose qu'elle ne connaissait pas, *la maladie en soi*, avec des armes dont la portée lui était inconnue, *le médicament.* Cherchez dans les ouvrages les plus autorisés la définition de ces éléments primordiaux de la médecine, vous ne la trouverez pas.

Voici un danger, entre mille, auquel s'exposent les médecins qui n'ont pas la notion exacte de *la fièvre*, et qui visent à l'éteindre au moyen de leurs prétendues antithermiques. La fièvre n'est qu'un symptôme annonçant le degré du travail accompli par l'organisme pour se délivrer. La chaleur naturelle du corps (37°) est le résultat du travail vital normal, car, en biologie comme en physique, le phénomène est le même. Lorsque la chaleur monte au-dessus de 37 degrés, il y a augmentation du travail vital, et le thermomètre monte d'autant plus haut que ce travail est plus important. On ne peut éteindre la chaleur de la fièvre qu'en arrêtant le travail de l'organisme malade, c'est-à-dire en le paralysant dans ses moyens de défense. S'il ne se disloque pas par l'effet de ces moyens absurdes, c'est qu'il est doué d'une résistance qui défie la maladie, la médecine et le médecin. Et je dis que tout médecin qui connaîtrait la fièvre et voudrait l'arrêter réellement, se rendrait coupable de tentative d'homicide. Si on voulait m'opposer les bons résultats obtenus par la réfrigération sur la fièvre typhoïde, je répondrais que ces résultats ne sont pas dus, heureusement, à l'effet cherché, mais tout au contraire de ce que l'on croit, à un effet tout opposé, savoir : que la réfrigération périférique, en arrêtant le rayonnement de la chaleur fébrile et en la refoulant au dedans, concentre les efforts de la nature vers les foyers du mal, c'est-à-dire que le travail intérieur se trouve augmenté. C'est ce qu'un médecin italien a parfaitement décrit l'année dernière.

Je pourrais en dire autant sur chacune des questions de pathologie générale.

IV.

L'année dernière, j'ai publié les résultats favorables que j'ai obtenus sur un certain nombre de maladies chroniques, et j'ai offert de mettre un certain nombre de personnes guéries en rapport avec les médecins qui voudraient les contrôler; pas un ne s'est présenté, et, pourtant, si quelqu'un a le devoir d'être curieux, ce sont bien les allopathes.

Cette année-ci, je fais surtout un exposé théorique, basé sur des faits indéniables ; cependant je vais rapporter quelques cas qui ne pourront qu'ajouter du poids à tout ce que j'ai avancé.

Cinq cas de chorée (danse de S¹-Guy), dont un accompagné de paralysie des membres inférieurs, guéris en un temps assez court.

Deux lupus guéris.

Plusieurs cas de phthisie laryngée et pulmonaire enrayés ; l'un, qui avait pris le galop, s'est arrêté après une médication d'un mois. Dix-huit mois après, il n'avait pas bougé ; d'autres se sont arrêtés au début de la première période. Le plus remarquable est le suivant :

Le médecin traitant avait pronostiqué la mort à brève échéance. On vint implorer les secours de l'homœopathie. Une personne parente me demanda, après ma visite, ce que je pensais. Ma réponse fut peu rassurante, car j'avais pu constater, comme mon confrère, la gravité du cas. Sur le pronostic, je fis des réserves. C'était un début grave qui avait galopé, mais comme le malade était jeune, j'entrepris son traitement, sans rien promettre. Je fis une prescription pour huit jours. Au bout de ce temps, grande amélioration et disparition de plusieurs symptômes. Seconde prescription. Lorsque je revins, après dix autres jours, c'est-à-dire au dix-huitième jour du traitement, le mal était presqu'entièrement éteint.

Pendant ces entrefaites, l'ancien médecin étant venu voir un malade dans la même maison, demanda des nouvelles de son malade à un voisin. Il va beaucoup mieux, lui fut-il répondu. — Comment, beaucoup mieux! Moi qui l'ai abandonné comme n'ayant plus que quelques jours à vivre! (textuel)! Il se rendit compte du fait, et demanda alors ce qu'on avait fait. On répondit évasivement ; on lui dit qu'on avait donné au malade ce qu'il avait voulu. — Avez-vous donné mes pilules ? — Non, docteur ; le malade ne pouvait pas les supporter. — Dépité de voir que ses pilules n'étaient pour rien dans l'évènement, il se fâcha tout rouge, en disant que lorsqu'il faisait des prescriptions, c'était pour qu'on les suivît.

J'ai revu ce malade après une année entière ; sa santé est florissante, et je n'ai constaté aucune trace de son mal.

Deux cas d'adénomes (écrouelles) ont été rapidement guéris par un traitement général de la diathèse. Leur histoire mérite d'être connue.

Le premier, jeune homme de 16 à 17 ans, voyant arriver le moment où le médecin aurait probablement recours au bistouri pour lui enlever deux glandes survenues tout à côté de l'emplacement de deux autres glandes qu'on lui avait enlevées quelques mois avant, vint me demander si on pourrait lui éviter de passer encore sous le couteau. Je crus pouvoir répondre par l'affirmation, et j'instituai le traitement général de la diathèse. Deux médications d'une vingtaine de jours chacune ont eu raison de la maladie. Les ganglions ont été progressivement réduits ; aujourd'hui, 10 juillet, je viens de le revoir ; les ganglions sont ramenés à la grosseur d'une petite lentille (ils avaient la grosseur d'une noisette) ; ils sont indurés, complètement atrophiés, c'est-à-dire qu'ils ne se gonfleront plus jamais.

Même résultat, encore incomplet, sur une jeune fille des environs, qui était dans un état beaucoup plus grave, et que le jeune homme m'a adressée. Deux ganglions sous le menton, se confondaient en une bosse de la grosseur d'un demi-œuf de poule. Ils étaient très tendus. Un troisième ganglion existait derrière la mâchoire inférieure. La malade avait eu des ganglions qui avaient suppuré et dont elle porte la déplorable trace. Au bout de 20 jours de la première médication, les ganglions étaient diminués de moitié. La tension avait fait place à la souplesse. La seconde médication n'a pas encore amené l'atrophie complète, mais je ne doute pas de l'obtenir, lorsque je reprendrai le cas, c'est-à-dire lorsque la malade sera revenue des bords de la mer, où elle trouvera certainement un bénéfice.

J'ai avancé, dans mes écrits antérieurs, que l'homœopathie guérissait les maladies ordinaires plus vite que l'allopathie, et mieux qu'elle, en ce sens que la médication, si elle fatigue quelquefois le malade, ce n'est qu'à un faible degré, mais surtout parce qu'elle ne peut jamais amener des accidents, ni produire de maladies médicinales, ce qui arrive souvent avec les grosses doses, et alors le remède devient pire que le mal.

On remarquera que je n'ai jamais dit que l'allopathie fût toujours impuissante ; elle guérit, lorsqu'elle emploie des médicaments qui obéissent à la loi des semblables ainsi que je l'ai fait remarquer plusieurs fois ; mais comme elle les donne à doses massives, non dynamisées, elle guérit mal, parce qu'elle guérit brutalement, ce qui explique les convalescences interminables.

J'ai avancé aussi que l'homœopathie avait raison d'un certain nombre de maladies restées absolument incurables pour l'allopathie, et j'ai cité le panaris, le croup, la coqueluche.

De panaris, je n'en ai traité que deux qui ont cédé aux globules avec la même facilité que tous ceux que j'ai traités pendant douze ans, avant de venir à Montpellier. L'un, a été guéri sur un membre du Cercle artistique, à côté de plusieurs médecins qui ont refusé de voir.

Aucun cas de croup ne s'est présenté depuis les trois que j'ai rapportés l'année dernière ; pour deux il était trop tard.

Par exemple, les coqueluches ne m'ont pas manqué. La première année j'en ai traité 12, la seconde année 11, la troisième année 37 ; dans les sept premiers mois de l'année courante 73 ; total 133. Si je réunis le deuxième semestre de l'année dernière au premier de celle-ci, j'enregistre 100 cas pour une année. On remarquera la progression croissante des coquelucheux. S'il en a été ainsi, cela tient, apparemment, à ce que les familles qui ont eu des coqueluches guéries, m'ont envoyé ceux qu'ils ont rencontrés autour d'elles.

Combien de temps ces coqueluches ont-elles mis à guérir ? Je serais fort embarrassé de le dire, car si dans ce nombre il s'est trouvé cinq ou six cas qui ont nécessité une prolongation de la médication que je donne habituellement pour douze jours, j'ai su qu'un certain nombre avaient cédé au quatrième et même dès le troisième jour. La durée du traitement, serait donc, en moyenne, de douze jours au maximum.

La coqueluche portera ses fruits. A moins d'être dénué de bon sens ou d'avoir un parti pris, ce qui n'est pas rare hélas ! la logique du fait s'imposera, et l'on se dira : si l'homœopathie guérit presqu'à coup sûr et assez vite une maladie sur laquelle la médecine ordinaire ne peut absolument rien, de l'aveu même des médecins (1), elle doit avoir certains avantages dans les autres maladies, et nous ne voyons pas pourquoi l'on n'en essaierait pas.

---

(1) « On peut faire mourir le malade atteint de coqueluche avant le terme de la maladie ; mais le guérir jamais ». Dr Frank, cité par Laveran et Teissier dans le Traité de clinique médicale qui est entre les mains des élèves. Le docteur Franck n'obéissait pas à une boutade en parlant ainsi ; il énonçait une triste vérité. Deux fois j'ai été appelé auprès de petits coquelucheux qui avaient failli périr par asphyxie. Le fait peut arriver lorsqu'on donne aux enfants les sirops préconisés à la quatrième page des journaux. Les quintes de coqueluche sont amenées par la nécessité où se trouve l'organisme de se débarrasser

Mais au lieu de suivre la logique brutale des faits, on préfère la logique raisonneuse ; on se roidit dans son orgueil révolté par l'usage des petites doses, et l'on fait intervenir la *coïncidence,* même à propos de la coqueluche, j'aurais dû dire surtout à cause de la coqueluche, vu que le corps médical tout entier, en dehors des homœopathes, avoue son impuissance absolue.

Trois enfants ont contracté la coqueluche à huit ou dix jours de distance ; ils prennent tous les trois le même remède homœopathique ; bien qu'à des degrés différents de leur marche, les trois coqueluches cèdent progressivement et disparaissent vers le septième ou le huitième jour du traitement : *Coïncidence :* Les trois enfants devaient guérir ce jour-là...

C'est vraiment une merveilleuse chose que cette coïncidence, je suis obligé de le reconnaître. Je fais plus que de la reconnaître ; je l'admets, ce qui m'impose la dure nécessité de divulguer *le truc des homœopathes.* Je vais encourir l'anathème de tout ce troupeau de farceurs ; je serai pour eux un faux frère, un nouvel Iscariote ; peu m'importe, j'aurais fait mon devoir, je soulagerai ma conscience bourrelée du remords d'avoir, vingt année durant, trompé mes semblables en leur donnant de l'eau claire, en un mot, d'avoir été *un fumiste, un charlatan.*

Les homœopathes, voyez-vous, ne sont pas des imbéciles ; ce sont, au contraire, des hommes très forts, d'une force dont on ne se fait pas d'idée : ils s'arrangent de manière à se faire appeler juste au moment où la maladie devait guérir toute seule. Voilà toute leur puissance.

Mais, quittons ces billevesées et concluons.

V.

Comment se fait-il que les médecins, hommes instruits, intelligents, pour la plupart, n'adoptent pas une médecine si simple, si sûre, qui ne donne pas de secousses et ne peut jamais occasionner d'accidents ? J'ai en partie répondu en montrant l'obstination des savants, et surtout de ceux qui croient tout savoir, et l'on m'accordera que ce pitoyable état d'esprit, tient à l'aveuglement engendré par l'orgueil et entretenu par la routine. C'est si bon de ne plus travailler à augmenter son bagage !

Cette paresse est l'apanage des grands comme des petits. On veut bien travailler avec ardeur pour arriver à se faire une position ; mais à quoi bon s'éreinter quand on l'a conquise !

Or, le médecin qui veut adopter l'homœopathie a tout à appendre ; et, j'ai déjà dit que si la doctrine est simple, la matière médicale, qu'il faut absolument connaître, est capable de faire reculer les plus hardis.

---

des mucosités gluantes qui encombrent les voies respiratoires; si on les arrête par des moyens prétendus calmants, l'organisme s'endort, ne peut plus réagir; les mucosités s'amassent, forment bouchon et déterminent l'aphyxie; c'est ce qui était arrivé chez mes deux petits malades. Donc, si l'on n'a pas un remède éprouvé qui puisse s'attaquer, non pas aux quintes, non pas aux mucosités, mais à la cause qui les produit (probablement un microbe), il vaut infiniment mieux laisser l'enfant tranquille.

Enfin, en admettant que ce médecin ne soit ni aveuglé par l'orgueil, ni routinier, ni paresseux, il cèdera à un sentiment inavouable :

LA CRAINTE DES QUOLIBETS.

Montpellier, le 7 Août 1891.

Commandant DAUDEL,
Médecin homœopathe.

OUVRAGES DE L'AUTEUR

Recueil d'éléments d'hippologie, d'après les meilleurs auteurs ; in-8°, avec planches et gravures dans le texte. Paris, Firmin Didot frères, rue Jacob, 56. — 1854.

Méthode d'équitation et de dressage basée sur la mécanique animale, in-8°, avec planches. Paris, Leneveu, rue des Grands-Augustins, 18. — 1857.

Nos désastres étudiés dans leurs sources, étude de l'état social, administratif et militaire, sous le pseudonyme LEDUAD, in-8°. Versailles. Bernard, rue de Satory, 9. — 1871.

Doctrine médicale, déduite de la métaphysique pure, conduisant à l'application du remède à la maladie, grand in-8°. Paris, Lechevalier, rue Racine, 23. — 1888.

Le Trésor de la maison. — Formulaire homœopathique pour la médecine domestique, in-16. Paris, Lechevalier. — 1888.

La rage et ses divers traitements, brochure in-8°. — 1889.

Puissance de l'Homœopathie, démontrée par des faits de guérison à Montpellier, brochure in-8°. — 1890.

Ces quatre derniers ouvrages se trouvent à Montpellier, chez Chanfreau, rue de la Loge, 30.